Dorothée

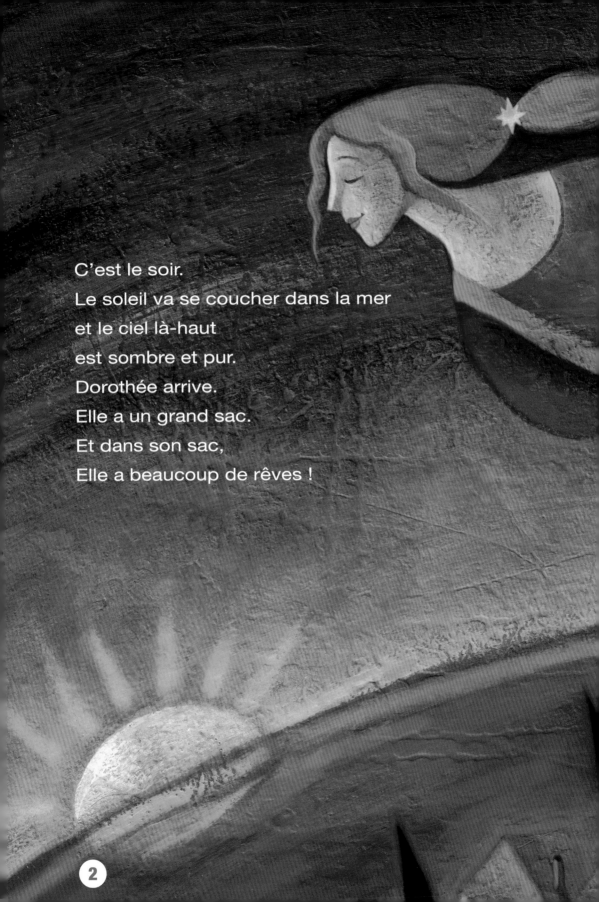

C'est le soir.
Le soleil va se coucher dans la mer
et le ciel là-haut
est sombre et pur.
Dorothée arrive.
Elle a un grand sac.
Et dans son sac,
Elle a beaucoup de rêves !

Dans son sac, Dorothée a des rêves pour les
mamans et les papas.
Elle a des rêves pour les petits garçons et les
petites filles.
Elle a des rêves pour les chats et les chiens.
Elle a des rêves pour les animaux
petits et grands...
Elle a des rêves pour tout le monde !

Dorothée a le bon rêve pour chacun.

Elle a une souris mécanique pour Ketty,

la chatte dans la cuisine.

Elle a un bel os pour Bongo, le chien dans l'escalier.

Elle a un vélo magique pour Billy.

Elle a une grosse boîte de chocolats pour Charly.

Quels rêves merveilleux !

Maintenant, le ciel là-haut
est sombre et pur.
Voici Dorothée !
Maintenant, la lune sourit
et les étoiles brillent.
Dorothée chante.
Elle est heureuse !
Le ciel est heureux !

BRILLEZ, BRILLEZ, PETITES ÉTOILES !
MAIS QUI ÊTES-VOUS DONC ?
DES DIAMANTS DANS LE CIEL,
TRÈS HAUT AU-DESSUS DU MONDE !

Maintenant, de gros nuages noirs arrivent.

Ils arrivent vite.

Ils arrivent très vite !

Ils cachent la lune.

Ils cachent les étoiles.

Ils cachent Dorothée et son sac de rêves.

Il fait noir maintenant.

Il fait très très noir.

Où est la lune ?

Où sont les étoiles ?

Le ciel est triste.

Dorothée sort de son sac les mauvais rêves.

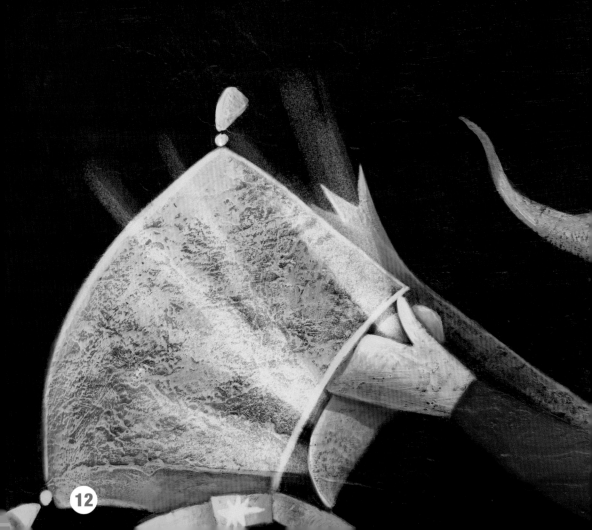

Dorothée sort un vélo magique pour
la grosse baleine blanche.
Dorothée sort un bel os pour
le petit poisson rouge.
Quels rêves terribles !

Dorothée sort une boîte de moustiques pour Billy.
Dorothée sort une boîte de vers pour Charly.
Quels rêves terribles !

Sur les toits, les chats chantent une chanson
spéciale :

MIAOU, MIAOU ! HÉ, HÉ !
NUAGES, NUAGES, PARTEZ !
MIAOU, MIAOU ! HÉ, HÉ !
NUAGES, NUAGES, PARTEZ !

Les chats chantent encore et encore.
C'est une chanson spéciale et les nuages
s'en vont.
La lune sourit.
Les étoiles brillent.

Le ciel est heureux.

Dorothée est heureuse.

Elle sourit.

Elle sort les bons rêves de son sac !

Dorothée chante :

DES RÊVES POUR LES MAMANS ET LES PAPAS,
DES RÊVES POUR LES PETITS GARÇONS
ET LES PETITES FILLES,
DES RÊVES POUR LES CHATS ET LES CHIENS,
DES RÊVES POUR LES ANIMAUX PETITS ET GRANDS...
DES RÊVES POUR TOUT LE MONDE !

Quels merveilleux rêves !

1 Relie chaque personnage à son rêve.

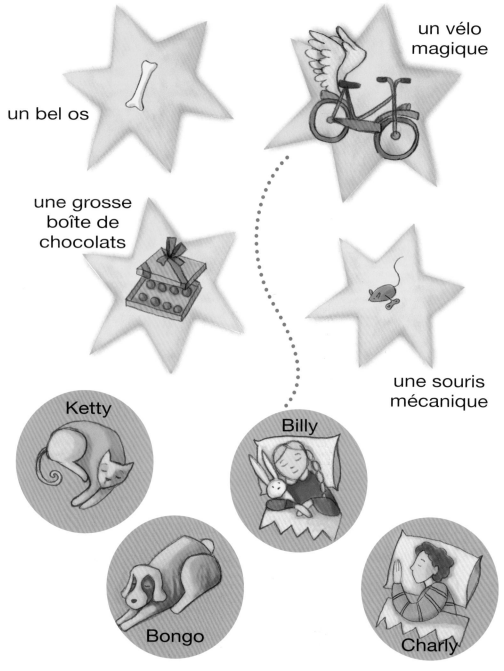

un vélo magique

un bel os

une grosse boîte de chocolats

une souris mécanique

Ketty

Billy

Bongo

Charly

**Et toi ? Quel est le bon rêve pour toi ?
Dessine ton rêve préféré.**

Combien... ?

2 Combien de poissons  pour la baleine ? Combien d'étoiles ✳ dans le ciel ? Compte en français et entoure les bons nombres.
1 – 2 – 3 – 4 – 5 – 6 – 7 – 8 – 9 – 10

Maintenant, lis et entoure les bons nombres.

un, deux, trois, quatre, cinq, six, sept, huit, neuf, dix

Quels rêves terribles !

3 Regarde, lis et complète
les dessins.

un vélo magique

une baleine
blanche

un poisson rouge

un bel os

Billy

une boîte de moustiques

une boîte
de vers

Charly

Un crayon magique

Pour faire un crayon magique, il faut :

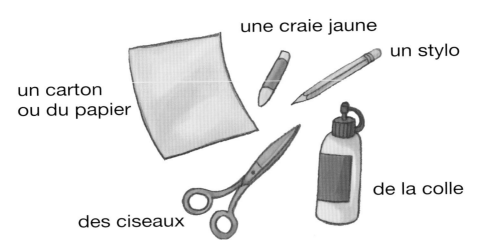

une craie jaune

un stylo

un carton
ou du papier

de la colle

des ciseaux

Maintenant, tourne la page et réalise ton crayon magique !

Réalise un crayon magique

Dessine deux étoiles sur le carton ou le papier.

Colorie les étoiles en jaune.

Découpe les étoiles.

Mets de la colle sur le côté blanc des étoiles.

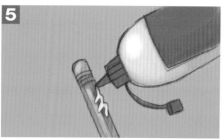

Mets de la colle sur le haut du crayon.

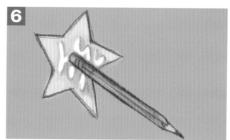

Colle le crayon à une étoile.

Colle l'autre étoile au crayon, à la même hauteur que la première.

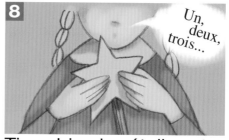

Un, deux, trois...

Tiens bien les étoiles et compte jusqu'à 10. Ton crayon magique est prêt !

Dictionnaire en images

le soir

un rêve

chanter une chanson

une maman   un papa

une fille   un garçon

le monde

le soleil

la mer

le ciel

la lune

une étoile

un nuage

un chat   un chien

une souris mécanique

une baleine

un poisson

un moustique

un ver

le nez

un orteil

la cuisine

un escalier

un toit

un sac

un os

un vélo

des chocolats

un diamant

cacher

se coucher

sourire

briller

sortir

s'en aller

blanc  rouge

grand  petit

bon mauvais

heureux triste

Solutions

Activité 1

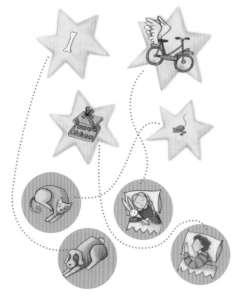

Ketty : une souris mécanique.

Bongo : un bel os.

Billy : un vélo magique.

Charly : une grosse boîte de chocolats.

Activité 2

8 – huit poissons

10 – dix étoiles

Activité 3

une baleine blanche : un vélo magique.

un bel os : un poisson rouge.

Billy : une boîte de moustiques.

Charly : une boîte de vers.

Rédaction : Maréva Bernède
Conception graphique et direction artistique : Nadia Maestri
Mise en page : Sara Blasigh

© 2007 Cideb Editrice, Gênes

Première édition : mai 2007

Pour toute suggestion ou information, la rédaction peut être
contactée à l'adresse suivante :
redaction@cideb.it
www.cideb.it

CISQ CISQCERT
TEXTBOOKS AND
TEACHING MATERIALS
The quality of the publisher's
design, production and sales processes has
been certified to the standard of
UNI EN ISO 9001

ISBN 978-88-530-0765-0

Imprimé en Italie par Litoprint, Gênes

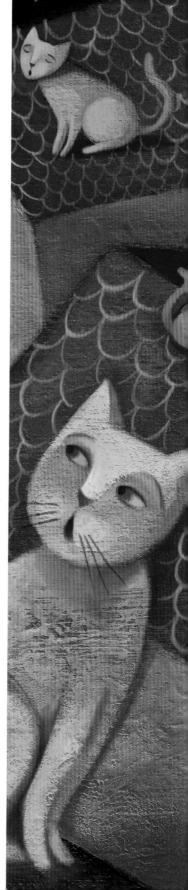